AF211195

Inhaltsangabe

Apfelkuchen mit Streuseln
Kokos Kuchen
Honigkuchen
Süßkartoffel Kuchen
Spritzgebäck
Butterplätzchen
Chocolate Cookies
Gewürzkekse
Haselnusskipferl
Kokos Plätzchen
Sauerrahmgebäck
Gebrannte Haselnüsse
Lebkuchen Mandeln
Knäckebrot
Käseplätzchen
Kartoffelkuchen
Schafskäse Kuchen
Tomaten Mozzarella Kuchen
Zwiebelkuchen
Flammkuchen

Nachtrag zum Impressum /
Copyright

Lebkuchen Kirsch Schnittchen

Zutaten
Teig
300 g Butter, weich
4 Eier
200 g Zucker
1 Pck. Vanillezucker
1 EL Lebkuchengewürz
3 EL Kakaopulver
1 Prise Muskat
350 g Mehl
1 Pck. Backpulver

Belag
1 Glas Kirschen, abgetropft

Zubereitung
Butter, Zucker und Eier in den Mixtopf geben und auf
Stufe 5/ 30 Sekunden schaumig rühren. Nun die übrigen
Zutaten hinzugeben und auf höchster Stufe nochmals 30
Sekunden mixen. Den Teig auf ein mit Backpapier
belegtes Blech schütten. Die Kirschen auf den Teig
geben. Bei 180 Grad ca. 40 Minuten backen.

Gewürzkuchen

Zutaten
200 g Butter
200 g Zucker
1 Pck. Vanillezucker
5 Eier
200 g Schmand
1 Pck. Lebkuchengewürz
50 g Kakao
350 g Mehl
1 Pck. Backpulver
100 g Sahne

Zubereitung
Butter, Zucker und Eier in den Mixtopf geben und auf
Stufe 5/ 30 Sekunden schaumig rühren. Nun die übrigen

Zutaten hinzugeben und auf höchster Stufe nochmals 30 Sekunden mixen. Den Teig auf ein mit Backpapier belegtes Blech schütten. Die Kirschen auf den Teig geben. Bei 180 Grad ca. 40 Minuten backen.

Schoko Nuss Kuchen

Zutaten
Teig
200 g Zucker
250 g Mehl
1 Pck. Backpulver
4 Eier
200 g Sahne
100 g Nussmus
50g Schokostreusel

Belag
Schokoladen Glasur

Zubereitung

Sahne, Zucker und Eier in den Mixtopf geben und auf
Stufe 5/ 30 Sekunden schaumig rühren. Nun die übrigen
Zutaten hinzugeben und auf höchster Stufe nochmals 30
Sekunden mixen. Den Teig auf ein mit Backpapier
belegtes Blech schütten. Die Kirschen auf den Teig
geben. Bei 180 Grad ca. 40 Minuten backen. Die Glasur
nach Packungsanweisung schmelzen und über den
Kuchen geben.

Zitronen Kuchen

Zutaten
Teig
350 g Butter, weich
350 g Zucker
6 Eier
Saft einer Bio Zitrone
Schale einer Bio Zitrone
1 Pck. Vanillezucker
1 Pck. Backpulver
1 Fläschchen Backaroma Zitrone
350 g Mehl

Belag
1 Pck. Puderzucker
etwas Zitronensaft

Zubereitung

Butter, Zucker und Eier in den Mixtopf geben und auf Stufe 5/ 30 Sekunden schaumig rühren. Nun die übrigen Zutaten für den Teig hinzugeben und auf höchster Stufe nochmals 30 Sekunden mixen. Den Teig auf ein mit Backpapier belegtes Blech schütten. Bei 180 Grad ca. 40 Minuten backen. Den Puderzucker mit etwas Zitronensaft anrühren und den Kuchen damit glasieren.

Rum Rosinen Kuchen

Zutaten
Teig
250 g Sahne
200 g Zucker
270 g Mehl
1 Backpulver
100 g Rum
4 Eier
1 Prise Salz
1 Vanillezucker

Belag
150 g weiche Butter
180 g Zucker
1 Vanillezucker
100 g Rosinen

Zubereitung

Alle Zutaten in den Mixtopf geben und 2 Minuten auf
Teigstufe glatt rühren. Den Teig auf ein mit Backpapier
ausgelegtes Bleck schütten und ca. 15 Minuten auf Ober-
und Unterhitze bei 180 Grad backen.

Nun die Zutaten für den Belag außer die Rosinen in den
ausgespülten Mixtopf geben. Auf Stufe 3 / 45 Sekunden
verrühren. Auf den Kuchen geben und die Rosinen
darüber streuen. Nun nochmals 10 Minuten backen.

Schmandkuchen mit Streuseln

Zutaten
Teig
170 g Zucker
2 Eier
1 Pck. Vanillezucker
1 Prise Zimt
200 g Schmand
200 g Mehl
1 Pck. Backpulver

Belag
400 g Schmand
100 g Zucker
½ TL Zimt
1 Ei

Streusel
200 g Mehl
150 g Zucker
150 g Butter
80 g Mandelsplitter

Zubereitung
Schmand, Zucker und Eier in den Mixtopf geben und auf
Stufe 5/ 30 Sekunden schaumig rühren. Nun die übrigen
Zutaten für den Teig hinzugeben und auf höchster Stufe
nochmals 30 Sekunden mixen. Den Teig auf ein mit
Backpapier belegtes Blech schütten. Die Kirschen auf
den Teig geben. Bei 180 Grad ca. 10 Minuten backen.
Den Kuchen wieder aus dem Ofen nehmen. Die Zutaten
für den Belag in den Mixtopf geben und 1 Minute/ Stufe
2. Auf den Kuchen verteilen. Den Mixtopf ausspülen.
Die Streuselzutaten in den Mixtopf geben und 15
Sekunden/ Stufe 5. Die Streusel auf den Kuchen geben.
Nochmals 30 Minuten backen, bei 180 Grad.

Pflaumenkuchen mit Streuseln

Zutaten

220 g Mehl
150 g Zucker
1 Pck. Vanillezucker
1 Ei
450 g Mehl
1 Pck. Backpulver
1 Prise Zimt
800 g Pflaumen entsteint

Zubereitung

Die Pflaumen in den Mixtopf geben und auf Stufe 4/ 15 Sekunden zerkleinern. Umfüllen.

Die übrigen Zutaten in den Mixtopf geben und zu Streuseln verarbeiten, indem man den Thermomix auf Teigstufe 1 Minute alles verkneten lässt. Zwei Drittel der Streusel auf einen Blech fest andrücken. Die Pflaumenmasse darauf verteilen. Die übrigen Streusel über den Kuchen streuen. Ca. 50 Minuten bei 180 Grad backen.

Apfelkuchen mit Streuseln

Zutaten

220 g Mehl
150 g Zucker
1 Pck. Vanillezucker
1 Ei
450 g Mehl
1 Pck. Backpulver
1 Prise Zimt
800 g Äpfel, geschält und in Stücken

Zubereitung

Die Äpfel in den Mixtopf geben und auf Stufe 4/ 15 Sekunden zerkleinern. Umfüllen.

Die übrigen Zutaten in den Mixtopf geben und zu Streuseln verarbeiten, indem man den Thermomix auf Teigstufe 1 Minute alles verkneten lässt. Zwei Drittel der Streusel auf einen Blech fest andrücken. Die Apfelmasse darauf verteilen. Die übrigen Streusel über den Kuchen streuen. Ca. 50 Minuten bei 180 Grad backen.

Kokos Kuchen

Zutaten
Teig
250 g Sahne
180 g Zucker
250 g Mehl
1 Backpulver
Saft einer Zitrone
4 Eier
1 Prise Salz
1 Vanillezucker

Belag
150 g weiche Butter
180 g Zucker

1 Vanillezucker
100 g Kokosraspel

Zubereitung
Alle Zutaten in den Mixtopf geben und 2 Minuten auf
Teigstufe glatt rühren. Den Teig auf ein mit Backpapier
ausgelegtes Bleck schütten und ca. 15 Minuten auf Ober-
und Unterhitze bei 180 Grad backen.
Nun die Zutaten für den Belag in den ausgespülten
Mixtopf geben. Auf Stufe 3 / 45 Sekunden verrühren.
Auf den Kuchen geben und nochmals 10 Minuten backen.

Honigkuchen

Zutaten
200 g Butter
500 g Honig
250 g Zucker
1 Pck. Lebkuchengewürz
30 g Kakaopulver
1200g Mehl
1 Pck. Backpulver
1 Prise Salz
2 Eier
2 Eiweiß
abgeriebene Schale
einer halben Bio Zitrone

Zubereitung
Alle Teigzutaten in den Mixtopf geben. Auf Stufe 5/ 30
Sekunden mixen, danach auf Teigstufe 2 Minuten kneten.
1 Stunde in den Kühlschrank stellen. Auf eine mit Mehl
bestäubten Fläche ausrollen und Plätzchen ausstechen.
Auf ein mit Backpapier ausgelegtes Blech geben. Bei 180
Grad ca. 18 Minuten backen.

Süßkartoffel Kuchen

Zutaten

Teig
200 g weiße Schokolade, geraspelt
300 g Süßkartoffel geschält, in Stücken
30 g Milch
150 g Butter
250 g brauner Zucker
250 g Mehl
1 Pck. Backpulver
2 Eier

1 Pck. Vanillezucker
1 Prise Zimt

Dekor
Weiße Kuvertüre
Pistazienkerne gehackt

Zubereitung
Butter, Zucker und Eier in den Mixtopf geben und auf
Stufe 5/ 30 Sekunden schaumig rühren. Nun die übrigen
Zutaten für den Teig hinzugeben und auf höchster Stufe
nochmals 30 Sekunden mixen. Den Teig auf ein mit
Backpapier belegtes Blech schütten. Bei 180 Grad ca. 40
Minuten backen. Die Kuvertüre schmelzen und über den
Kuchen geben. Mit Pistazienkernen bestreuen.

Spritzgebäck

Zutaten
85 g Haselnüsse
180 g Butter, weich
150 g Zucker
1 Pck. Vanillezucker
1 Prise Zimt
1 Ei
250 g Mehl

Belag
150 g Kuvertüre

Zubereitung
Die Haselnüsse in den Mixtopf geben und auf Stufe 5/ 20
Sekunden zerkleinern. Die übrigen Zutaten hinzugeben.
Auf Teigstufe 2 Minuten vermischen. In eine
Gebäckpresse füllen und die Plätzchen auf ein mit
Backpapier ausgelegtes Blech geben. Die Plätzchen bei
180 Grad ca. 18 bis 20 Minuten backen. Abkühlen lassen.
Kuvertüre nach Anweisung schmelzen und das Gebäck
hineintauchen. Abkühlen lassen und genießen.

Butterplätzchen

Zutaten
200 g weiche Butter
1 Pck. Vanillezucker
150 g Zucker
330 g Mehl
100 g Speisestärke
1 Ei
1 EL Zitronensaft

Verzierung
Nach Belieben, zum Beispiel Glasur,
Zuckerartikel, Schokoladenartikel

Zubereitung
Alle Teigzutaten in den Mixtopf geben. Auf Stufe 5/ 30
Sekunden mixen, danach auf Teigstufe 2 Minuten kneten.
1 Stunde in den Kühlschrank stellen. Auf eine mit Mehl
bestäubten Fläche ausrollen und Plätzchen ausstechen.
Auf ein mit Backpapier ausgelegtes Blech geben. Bei 180
Grad ca. 18 Minuten backen. Nach Belieben verzieren.

Chocolate Cookies

Zutaten
400 g Mehl
1 TL Salz
250 g weiche Butter
200 g Zucker
100 g brauner Zucker
2 TL Vanillezucker
2 Eier
150 g dunkle Schokolade
150 g weiße Schokolade

Zubereitung

Den weißen Zucker in den Mixtopf geben. Auf Stufe 10/ 20 Sekunden mahlen. Nun Mehl und Butter hinzugeben und nochmals auf Stufe 5/ 1 Minute mischen. Die übrigen Zutaten hinzufügen und auf Stufe 5/ 30 Sekunden mischen. Ein Backblech mit Backpapier belegen. Mit 2 Teelöffeln immer ein Löffelchen Teig auf das Papier geben. Etwas Abstand halten, da die Kleckse noch zerlaufen. Den Backofen auf 180 Grad Ober und Unterhitze einschalten. Das Backblech mit dem Teig hinein geben und ca. 15 Minuten backen. Auskühlen lassen.

Gewürzkekse

Zutaten
100 g Zucker
2 EL Zuckerrübensirup
150 g Butter
250 g Mehl
½ TL Backpulver
1 TL Ingwer
½ TL Zimt
½ TL Nelken
½ TL Muskat
1 Pck. Vanillezucker

Verzierung nach Belieben
Hier wurde noch jeweils eine kandierte
Kirsche eingesetzt und etwas Zuckerglasur
verwendet.

Zubereitung
Alle Teigzutaten in den Mixtopf geben. Auf Stufe 5/ 30
Sekunden mixen, danach auf Teigstufe 2 Minuten kneten.
1 Stunde in den Kühlschrank stellen. Auf eine mit Mehl
bestäubten Fläche ausrollen und Plätzchen ausstechen.
Auf ein mit Backpapier ausgelegtes Blech geben. Bei 180
Grad ca. 18 Minuten backen. Nach Belieben verzieren.

Haselnusskipferl

Zutaten
100 g Haselnüsse, gemahlen
50 g Mandeln, gemahlen
275 g Mehl
150 g Zucker
2 Pck. Vanillezucker
1 Prise Salz
1 Ei
220 g Butter
1 Prise Zimt

Zubereitung
Alle Teigzutaten in den Mixtopf geben. Auf Stufe 5/ 30
Sekunden mixen, danach auf Teigstufe 2 Minuten kneten.
Auf einer mit Mehl bestreuten Fläche geben und zu
Rollen formen. 1 Stunde in den Kühlschrank stellen. Von
den Rollen ca. 1 cm dicke Scheiben abschneiden und zu
Kipferl formen. Auf ein mit Backpapier ausgelegtes
Blech geben. Bei 180 Grad ca. 20 Minuten backen. In
eine Dose geben und eventuell mit Zucker bestäuben.

Kokos Plätzchen

Teig:
100 g Butter
100 g Kokosraspel
150 g Mehl
80 g Zucker
1 Pck. Vanillezucker
1 Eigelb
1 Prise Salz

Zubereitung
Alle Teigzutaten in den Mixtopf geben. Auf Stufe 5/ 30
Sekunden mixen, danach auf Teigstufe 2 Minuten kneten.
1 Stunde in den Kühlschrank stellen. Auf eine mit Mehl
bestäubten Fläche ausrollen und Plätzchen ausstechen.

Auf ein mit Backpapier ausgelegtes Blech geben. Bei 180 Grad ca. 18 Minuten backen.

Sauerrahm Gebäck

Zutaten
Teig
200 g weiche Butter
300 g Mehl
100 g saure Sahne
1 Prise Salz
½ TL Zimt

1 Pck. Vanillezucker

Verzierung
Nach Belieben, zum Beispiel Glasur,
Zuckerartikel, Schokoladenartikel

Zubereitung
Alle Teigzutaten in den Mixtopf geben. Auf Stufe 5/ 30
Sekunden mixen, danach auf Teigstufe 2 Minuten kneten.
1 Stunde in den Kühlschrank stellen. Auf eine mit Mehl
bestäubten Fläche ausrollen und Plätzchen ausstechen.
Auf ein mit Backpapier ausgelegtes Blech geben. Bei 180
Grad ca. 18 Minuten backen. Nach Belieben verzieren.

Gebrannte Haselnüsse

Zutaten
250 g Haselnüsse
100 g Zucker
1 TL Zimt
10 g Wasser

Zubereitung
Alle Zutaten in den Mixtopf geben und 10 Minuten/
Stufe 1/ 100 Grad. Ein Backblech mit Backpapier
auslegen und die Nüsse darauf schütten. Ca. 15 Minuten
bei 200 Grad im Ofen backen.

Lebkuchen Mandeln

Zutaten
150 g Wasser
250 g brauner Zucker
1 Pck. Vanillezucker
1 TL Zimt
1 TL Lebkuchengewürz
400 g Mandeln

Zubereitung
Wasser, Zucker, Vanillezucker, Zimt und
Lebkuchengewürz in den Mixtopf geben. Bei 120 Grad/
2 Minuten/ Stufe 1 auflösen. Nun die Mandeln
hinzugeben und 20 Minuten/ Stufe 1/ 100 Grad
aufkochen. Den Backofen auf 180 Grad vorheizen und

ein Backblech mit Backpapier belegen. Die Masse auf das Backblech geben und alles bei 180 Grad ca. 13 – 15 Minuten backen. Auf jeden Fall die Mandeln unter Beobachtung halten, da die Röstzeit von Ofen zu Ofen schwanken kann. Guten Appetit.

Knäckebrot

Zutaten
130 g Dinkelmehl
130 g Haferflocken auf Stufe
10/ kurz 15 Sekunden mahlen
130 g Gemischte Körner nach Wahl
1 1/2 TL Meersalz, grob
50 g Olivenöl
400 g Wasser

Zubereitung

Alle Zutaten in den Mixtopf geben und auf Stufe 5/ 30 Sekunden mischen. Ein Backblech mit Backpapier auskleiden und die Masse vorsichtig darauf verteilen. Glatt streichen und 20 Minuten bei 180 Grad backen. In Rechtecke schneiden und nochmals 20 Minuten backen.

Käseplätzchen

Zutaten
200 g Parmesan
150 g Butter
50 g Sahne
1 TL Backpulver
1/2 TL Salz
1/2 TL Pizzakräuter
250 g Mehl

Zubereitung
Den Käse in den Mixtopf geben und auf Stufe 10/ 15
Sekunden zerkleinern. Die übrigen Zutaten hinzugeben.
Auf Stufe 5/ 30 Sekunden mischen. Nochmals 2 Minuten
auf Teigstufe kneten. Umfüllen, zu einer Rolle formen
und für 1 Stunde in den Kühlschrank geben. In Scheiben

schneiden und auf ein mit Backpapier ausgelegtes Blech geben. Ca. 20 Minuten bei 180 Grad backen.

Kartoffelkuchen

Zutaten
500 g Kartoffeln, geschält in Stücken
4 Zwiebeln, geschält
80 g Olivenöl
150 g Sahne
240 g Mehl
1 Pck. Backpulver
2 Eier
1 1/2 TL Salz
150 g Speckwürfel

1 Prise Muskat

Zubereitung
Alle Zutaten in den Mixtopf geben und erst 30 Sekunden/
Stufe 5, dann 2 Minuten auf Teigstufe glatt rühren. Den
Teig auf ein mit Backpapier ausgelegtes Bleck schütten
und ca.40 Minuten auf Ober- und Unterhitze bei 180
Grad backen.

Schafskäsekuchen

Zutaten
500 g Joghurt
2 Eier
2 gekochte, zerdrückte Kartoffeln
200 g Schafskäse
1 Bund Dill, gehackt
1 Bund Petersilie, gehackt
1 Bund Schnittlauch, gehackt
1 TL Rosmarin getrocknet
Salz, Pfeffer

30 g Sesam, schwarz
80 g Sonnenblumenöl
200 g Mehl

Zubereitung
Alle Zutaten in den Mixtopf geben und erst 30 Sekunden/
Stufe 5, dann 2 Minuten auf Teigstufe glatt rühren. Den
Teig auf ein mit Backpapier ausgelegtes Bleck schütten
und ca.40 Minuten auf Ober- und Unterhitze bei 180
Grad backen.

Tomaten Mozzarella Kuchen

Zutaten
Teig
400 g Mehl
1 Würfel Hefe
160 g Wasser, lauwarm
80 g Milch
1 TL Zucker
20 g Olivenöl
1 TL Salz
125 g Schinkenwürfel

Belag
2 Knoblauchzehen, zerdrückt
200 g Mozzarella in Stücken
10 kleine Tomaten, halbiert
1/2 TL Paprikapulver
1 TL Pizzagewürz
Salz
Pfeffer

Zubereitung
Milch, Hefe und Zucker in den Mixtopf geben. 15 Sekunden/ Stufe 2. Die übrigen Teigzutaten einwiegen und 30 Sekunden/ Stufe 5, danach 2 Minuten/ Teigstufe. Ein Backblech mit Backpapier auslegen und den Teig darauf ausrollen. Die Zutaten für den Belag, außer den Tomaten in den Mixtopf geben und 5 Sekunden/ Stufe 5. Auf den Teig verteilen. Die Tomaten drapieren und alles bei 180 Grad ca. 40 Minuten backen.

Zwiebelkuchen

Zutaten
Teig

150 g Butter
100 g Wasser
1 TL Salz
300 g Mehl

Belag
500 g Zwiebeln in Scheiben
40 g Öl
250 g Speckwürfel
3 Eier
1 Becher Saure Sahne
500 g Milch
3 EL Mehl
Salz, Pfeffer, Muskat

Zubereitung
Die Teigzutaten in den Mixtopf geben und auf Teigstufe
2 Minuten kneten. Ein tiefes Blech ausfetten und den
Teig hineindrücken. An den Rändern den Teig etwas
hochziehen.
10 g Öl in den Mixtopf geben und den Speck hinzufügen.
2 Minuten / Varoma/ 120 Grad/ Stufe 1.
Nun das restliche Öl und die Zwiebeln hinzugeben. Bei
120 Grad/ Varomastufe/ Stufe 1/ 5 Minuten brutzeln.
Nun die übrigen Zutaten in den Mixtopf geben und auf
Stufe 5/ 15 Sekunden mischen. Auf den Teig geben und
ca. 50 Minuten bei 180 Grad backen.

Flammkuchen

Zutaten
Teig

300 g Mehl
80 g Knoblauchbutter
80 g Milch
1/2 TL Salz
1/2 Würfel Hefe

Füllung

3 Zwiebeln in Ringen
250 g magerer Speck
250 g Speisequark
125 g Schmand

Salz, Pfeffer, Muskatnuss

Zubereitung

Alle Teigzutaten in den Mixtopf geben und 1 Minute auf Teigstufe kneten. In eine Schüssel umfüllen und 1 Stunde ruhen lassen. Auf ein mit Backpapier ausgelegtes Blech austollen. Quark, Schmand und Gewürze verrühren und auf den Teig streichen. Zwiebeln und Speck darauf verteilen. Ca. 20 - 25 Minuten im Backofen bei 180 Grad kross backen.

Pizza mit Chorizo und Mozzarella

Zutaten
Teig
200 g Mehl
50 g Gries, hart
10 g Hefe, frisch
160 ml Wasser, handwarm
½ TL Zucker
1 TL Salz
20 g Olivenöl

Sauce
4 große Tomaten
1 TL Oregano
1 TL Zucker
1 Prise Salz

Belag
100 g Chorizo in Scheiben
oder Stücken
1 Kugel Mozzarella
50 g Parmesan, gehobelt

Zubereitung
Wasser, Hefe und Zucker in den Mixtopf geben. Auf
Stufe 5/ 15 Sekunden mischen. Nun die übrigen
Teigzutaten hinzugeben und 15 Sekunden/ Stufe 10,
danach 1 Minute auf Teigstufe kneten. Eine Schüssel mit
etwas Mehl einstäuben und den Teig hinein geben. 30
Minuten gehen lassen. Ein Blech mit Backpapier
auslegen und den Teig darauf ausrollen. Den Mixtopf
spülen und die Zutaten für die Sauce hinein geben. Auf
Stufe 5/ 30 Sekunden mixen. Die Sauce auf den Teig
verteilen. Nun die übrigen Zutaten für den Belag auf den
Teig geben. Bei 180 Grad ca. 35 Minuten backen.

Pizza mit Spinat und Schafskäse

Zutaten
Teig
200 g Mehl
50 g Gries, hart
10 g Hefe, frisch
160 ml Wasser, handwarm
½ TL Zucker

1 TL Salz
20 g Olivenöl

Sauce
4 große Tomaten
1 TL Oregano
1 TL Zucker
1 Prise Salz

Belag
100 g frischer Spinat, blanchiert
100 g Schafskäse, gewürfelt

Zubereitung
Wasser, Hefe und Zucker in den Mixtopf geben. Auf
Stufe 5/ 15 Sekunden mischen. Nun die übrigen
Teigzutaten hinzugeben und 15 Sekunden/ Stufe 10,
danach 1 Minute auf Teigstufe kneten. Eine Schüssel mit
etwas Mehl einstäuben und den Teig hinein geben. 30
Minuten gehen lassen. Ein Blech mit Backpapier
auslegen und den Teig darauf ausrollen. Den Mixtopf
spülen und die Zutaten für die Sauce hinein geben. Auf
Stufe 5/ 30 Sekunden mixen. Die Sauce auf den Teig
verteilen. Nun die übrigen Zutaten für den Belag auf den
Teig geben. Bei 180 Grad ca. 35 Minuten backen.

Salami Pizza

Zutaten
Teig
200 g Mehl
50 g Gries, hart
10 g Hefe, frisch
160 ml Wasser, handwarm
½ TL Zucker
1 TL Salz
20 g Olivenöl
1 Prise Chili

Sauce
4 große Tomaten
1 TL Oregano
1 TL Zucker
1 Prise Salz
1 Prise Chili

Belag
100 g Salami in Scheiben
100 g Käse nach Wahl, geraspelt

Zubereitung
Wasser, Hefe und Zucker in den Mixtopf geben. Auf
Stufe 5/ 15 Sekunden mischen. Nun die übrigen
Teigzutaten hinzugeben und 15 Sekunden/ Stufe 10,
danach 1 Minute auf Teigstufe kneten. Eine Schüssel mit
etwas Mehl einstäuben und den Teig hinein geben. 30
Minuten gehen lassen. Ein Blech mit Backpapier
auslegen und den Teig darauf ausrollen. Den Mixtopf
spülen und die Zutaten für die Sauce hinein geben. Auf
Stufe 5/ 30 Sekunden mixen. Die Sauce auf den Teig
verteilen. Nun die übrigen Zutaten für den Belag auf den
Teig geben. Bei 180 Grad ca. 35 Minuten backen.

Lahmacun

Zutaten
Teig
500 g Mehl
20 g Hefe, frisch
250 ml Wasser, handwarm
½ TL Zucker
1 TL Salz
30 g Olivenöl

Belag
4 große Tomaten
500 g Rinderhack
4 Knoblauchzehen, gepresst
1 Prise Salz
2 Zwiebeln, geschält
Pfeffer
1 Bund Petersilie, gehackt
1 Tube Tomatenmark
1 Prise Chili

Zubereitung
Wasser, Hefe und Zucker in den Mixtopf geben. Auf
Stufe 5/ 15 Sekunden mischen. Nun die übrigen
Teigzutaten hinzugeben und 15 Sekunden/ Stufe 10,
danach 1 Minute auf Teigstufe kneten. Eine Schüssel mit
etwas Mehl einstäuben und den Teig hinein geben. 30
Minuten gehen lassen. Ein Blech mit Backpapier
auslegen und den Teig dünn darauf ausrollen. Den
Mixtopf spülen und die Zutaten für den Belag hinein
geben. Auf Stufe 5/ 45 Sekunden mixen. Auf den sehr
dünn ausgerollten Teig streichen. Bei 180 Grad ca. 15 bis
20 Minuten backen.

Rucola Pizza mit Parma Schinken

Zutaten
Teig
200 g Mehl
50 g Gries, hart
10 g Hefe, frisch
160 ml Wasser, handwarm
½ TL Zucker
1 TL Salz
20 g Olivenöl

Sauce
4 große Tomaten
1 TL Oregano
1 TL Zucker
1 Prise Salz

Belag
100 g Rucola, mit 2 EL Olivenöl, sowie
Salz und Pfeffer marinieren
200 g Parma Schinken
50 g frisch gehobelter Parmesan

Zubereitung
Wasser, Hefe und Zucker in den Mixtopf geben. Auf
Stufe 5/ 15 Sekunden mischen. Nun die übrigen
Teigzutaten hinzugeben und 15 Sekunden/ Stufe 10,
danach 1 Minute auf Teigstufe kneten. Eine Schüssel mit
etwas Mehl einstäuben und den Teig hinein geben. 30
Minuten gehen lassen. Ein Blech mit Backpapier
auslegen und den Teig darauf ausrollen. Den Mixtopf
spülen und die Zutaten für die Sauce hinein geben. Auf
Stufe 5/ 30 Sekunden mixen. Die Sauce auf den Teig
verteilen. Bei 180 Grad ca. 35 Minuten backen. Jetzt erst
die Zutaten für den Belag auf die Pizza geben und
genießen.

Auberginen Pizza

Zutaten
Teig
200 g Mehl
50 g Gries, hart
10 g Hefe, frisch
160 ml Wasser, handwarm
½ TL Zucker
1 TL Salz
20 g Olivenöl

Sauce
4 große Tomaten
1 TL Oregano
1 TL Zucker
1 Prise Salz

Belag
1 Aubergine, zerkleinert und kurz
angebraten
100 g Edamer, geraspelt

Zubereitung
Wasser, Hefe und Zucker in den Mixtopf geben. Auf
Stufe 5/ 15 Sekunden mischen. Nun die übrigen
Teigzutaten hinzugeben und 15 Sekunden/ Stufe 10,
danach 1 Minute auf Teigstufe kneten. Eine Schüssel mit
etwas Mehl einstäuben und den Teig hinein geben. 30
Minuten gehen lassen. Ein Blech mit Backpapier
auslegen und den Teig darauf ausrollen. Den Mixtopf
spülen und die Zutaten für die Sauce hinein geben. Auf
Stufe 5/ 30 Sekunden mixen. Die Sauce auf den Teig
verteilen. Nun die übrigen Zutaten für den Belag auf den
Teig geben. Bei 180 Grad ca. 35 Minuten backen.

Vollkorn Pizza mit Tomate und Basilikum

Zutaten
Teig
150 g Vollkornmehl
50 g Weizenmehl
50 g Gries, hart
10 g Hefe, frisch
160 ml Wasser, handwarm
½ TL Zucker
1 TL Salz
20 g Olivenöl

66

Sauce
4 große Tomaten
1 TL Oregano
1 TL Zucker
1 Prise Salz

Belag
100 g Tomaten, in Scheiben
100 g Edamer, gestiftet
1 Bund Basilikum, frisch, gehackt

Zubereitung
Wasser, Hefe und Zucker in den Mixtopf geben. Auf
Stufe 5/ 15 Sekunden mischen. Nun die übrigen
Teigzutaten hinzugeben und 15 Sekunden/ Stufe 10,
danach 1 Minute auf Teigstufe kneten. Eine Schüssel mit
etwas Mehl einstäuben und den Teig hinein geben. 30
Minuten gehen lassen. Ein Blech mit Backpapier
auslegen und den Teig darauf ausrollen. Den Mixtopf
spülen und die Zutaten für die Sauce hinein geben. Auf
Stufe 5/ 30 Sekunden mixen. Die Sauce auf den Teig
verteilen. Nun die übrigen Zutaten für den Belag auf den
Teig geben. Bei 180 Grad ca. 35 Minuten backen.

Nudel Pizza

Zutaten
Teig
200 g Mehl
50 g Gries, hart
10 g Hefe, frisch
160 ml Wasser, handwarm
½ TL Zucker
1 TL Salz
20 g Olivenöl
1 Prise Chili

Sauce
4 große Tomaten
50 g Ketchup
1 TL Oregano
1 TL Zucker
1 Prise Salz

Belag
100 g Nudeln, gekocht
150 g Käse nach Wahl, geraspelt

Zubereitung
Wasser, Hefe und Zucker in den Mixtopf geben. Auf
Stufe 5/ 15 Sekunden mischen. Nun die übrigen
Teigzutaten hinzugeben und 15 Sekunden/ Stufe 10,
danach 1 Minute auf Teigstufe kneten. Eine Schüssel mit
etwas Mehl einstäuben und den Teig hinein geben. 30
Minuten gehen lassen. Ein Blech mit Backpapier
auslegen und den Teig darauf ausrollen. Den Mixtopf
spülen und die Zutaten für die Sauce hinein geben. Auf
Stufe 5/ 30 Sekunden mixen. Die Sauce auf den Teig
verteilen. Nun die übrigen Zutaten für den Belag auf den
Teig geben. Bei 180 Grad ca. 35 Minuten backen.

Pizza Funghi

Zutaten
Teig
200 g Mehl
50 g Gries, hart
10 g Hefe, frisch
160 ml Wasser, handwarm
½ TL Zucker
1 TL Salz
20 g Olivenöl

Sauce
4 große Tomaten
1 TL Oregano
1 TL Zucker
1 Prise Salz
1 zerdrückte Knoblauchzehe

Belag
100 g Champignons, in Scheiben
1 zerdrückte Knoblauchzehe
100 g Käse nach Wahl, geraspelt

Zubereitung
Wasser, Hefe und Zucker in den Mixtopf geben. Auf
Stufe 5/ 15 Sekunden mischen. Nun die übrigen
Teigzutaten hinzugeben und 15 Sekunden/ Stufe 10,
danach 1 Minute auf Teigstufe kneten. Eine Schüssel mit
etwas Mehl einstäuben und den Teig hinein geben. 30
Minuten gehen lassen. Ein Blech mit Backpapier
auslegen und den Teig darauf ausrollen. Den Mixtopf
spülen und die Zutaten für die Sauce hinein geben. Auf
Stufe 5/ 30 Sekunden mixen. Die Sauce auf den Teig
verteilen. Nun die übrigen Zutaten für den Belag auf den
Teig geben. Bei 180 Grad ca. 35 Minuten backen.

Pizza Venezia

Zutaten
Teig
400 g Mehl
20 g Hefe, frisch
200 ml Wasser, handwarm
½ TL Zucker
1 TL Salz
20 g Olivenöl
1 Prise Chili

Sauce
4 große Tomaten
1 TL Oregano
1 TL Zucker
1 Prise Salz
1 Prise Chili

Belag
60 g Salami, in Scheiben
60 g Schinken, in feinen Streifen
100 g Käse nach Wahl, geraspelt

Zubereitung
Wasser, Hefe und Zucker in den Mixtopf geben. Auf
Stufe 5/ 15 Sekunden mischen. Nun die übrigen
Teigzutaten hinzugeben und 15 Sekunden/ Stufe 10,
danach 1 Minute auf Teigstufe kneten. Eine Schüssel mit
etwas Mehl einstäuben und den Teig hinein geben. 30
Minuten gehen lassen. Ein Blech mit Backpapier
auslegen und den Teig darauf ausrollen. Den Mixtopf
spülen und die Zutaten für die Sauce hinein geben. Auf
Stufe 5/ 30 Sekunden mixen. Die Sauce auf den Teig
verteilen. Nun die übrigen Zutaten für den Belag auf den
Teig geben. Bei 180 Grad ca. 35 Minuten backen.

Pizza Hawaii

Zutaten
Teig
400 g Mehl
20 g Hefe, frisch
200 ml Wasser, handwarm
½ TL Zucker
1 TL Salz
20 g Olivenöl

Sauce
5 große Tomaten
1 TL Oregano
2 TL Zucker
1 Prise Salz

Belag
150 g Schinken, in Stücken
100 g Ananas, in Stücken
100 g Käse nach Wahl, geraspelt

Zubereitung
Wasser, Hefe und Zucker in den Mixtopf geben. Auf
Stufe 5/ 15 Sekunden mischen. Nun die übrigen
Teigzutaten hinzugeben und 15 Sekunden/ Stufe 10,
danach 1 Minute auf Teigstufe kneten. Eine Schüssel mit
etwas Mehl einstäuben und den Teig hinein geben. 30
Minuten gehen lassen. Ein Blech mit Backpapier
auslegen und den Teig darauf ausrollen. Den Mixtopf
spülen und die Zutaten für die Sauce hinein geben. Auf
Stufe 5/ 30 Sekunden mixen. Die Sauce auf den Teig
verteilen. Nun die übrigen Zutaten für den Belag auf den
Teig geben. Bei 180 Grad ca. 35 Minuten backen.

Sucuk Pizza

Zutaten
Teig
400 g Mehl
20 g Hefe, frisch
200 ml Wasser, handwarm
½ TL Zucker
1 TL Salz
20 g Olivenöl
1 Prise Chili

Sauce
4 große Tomaten
1 TL Oregano
1 TL Zucker
1 Prise Salz
1 Prise Chili

Belag
150 g Sucuk, in Scheiben
100 g Käse nach Wahl, geraspelt

Zubereitung
Wasser, Hefe und Zucker in den Mixtopf geben. Auf
Stufe 5/ 15 Sekunden mischen. Nun die übrigen
Teigzutaten hinzugeben und 15 Sekunden/ Stufe 10,
danach 1 Minute auf Teigstufe kneten. Eine Schüssel mit
etwas Mehl einstäuben und den Teig hinein geben. 30
Minuten gehen lassen. Ein Blech mit Backpapier
auslegen und den Teig darauf ausrollen. Den Mixtopf
spülen und die Zutaten für die Sauce hinein geben. Auf
Stufe 5/ 30 Sekunden mixen. Die Sauce auf den Teig
verteilen. Nun die übrigen Zutaten für den Belag auf den
Teig geben. Bei 180 Grad ca. 35 Minuten backen.

Pizza Tonno

Zutaten
Teig
400 g Mehl
20 g Hefe, frisch
200 ml Wasser, handwarm
½ TL Zucker
1 TL Salz
20 g Olivenöl

Sauce
4 große Tomaten
1 TL Oregano
1 TL Zucker
1 Prise Salz
2 Sardellen Filets
1 Prise Chili

Belag
2 Dosen Thunfisch, in Öl
100 g Käse nach Wahl, geraspelt

Zubereitung
Wasser, Hefe und Zucker in den Mixtopf geben. Auf
Stufe 5/ 15 Sekunden mischen. Nun die übrigen
Teigzutaten hinzugeben und 15 Sekunden/ Stufe 10,
danach 1 Minute auf Teigstufe kneten. Eine Schüssel mit
etwas Mehl einstäuben und den Teig hinein geben. 30
Minuten gehen lassen. Ein Blech mit Backpapier
auslegen und den Teig darauf ausrollen. Den Mixtopf
spülen und die Zutaten für die Sauce hinein geben. Auf
Stufe 5/ 30 Sekunden mixen. Die Sauce auf den Teig
verteilen. Nun die übrigen Zutaten für den Belag auf den
Teig geben. Bei 180 Grad ca. 35 Minuten backen.

Lachs Pizza

Zutaten
Teig
400 g Mehl
20 g Hefe, frisch
200 ml Wasser, handwarm
½ TL Zucker
1 TL Salz
20 g Olivenöl

Sauce
200 g Schmand
100 g Frischkäse
Salz und Pfeffer nach Geschmack
1 TL Schnittlauch, getrocknet

Belag
200 g Edamer
200 g Lachs, geräuchert

Zubereitung
Wasser, Hefe und Zucker in den Mixtopf geben. Auf Stufe 5/ 15 Sekunden mischen. Nun die übrigen Teigzutaten hinzugeben und 15 Sekunden/ Stufe 10, danach 1 Minute auf Teigstufe kneten. Eine Schüssel mit etwas Mehl einstäuben und den Teig hinein geben. 30 Minuten gehen lassen. Ein Blech mit Backpapier auslegen und den Teig darauf ausrollen. Den Mixtopf spülen und die Zutaten für die Sauce hinein geben. Auf Stufe 5/ 30 Sekunden mixen. Die Sauce auf den Teig verteilen. Nun die übrigen Zutaten für den Belag auf den Teig geben. Bei 180 Grad ca. 35 Minuten backen.

Surimi Pizza

Zutaten
Teig
400 g Mehl
20 g Hefe, frisch
200 ml Wasser, handwarm
½ TL Zucker
1 TL Salz
20 g Olivenöl
1 Prise Chili

Sauce
4 große Tomaten
1 TL Oregano
1 TL Zucker
1 Prise Salz
1 Prise Chili

Belag
200 g Surimi
10 grüne Oliven in Scheiben
100 g Parmesan, geraspelt

Zubereitung
Wasser, Hefe und Zucker in den Mixtopf geben. Auf
Stufe 5/ 15 Sekunden mischen. Nun die übrigen
Teigzutaten hinzugeben und 15 Sekunden/ Stufe 10,
danach 1 Minute auf Teigstufe kneten. Eine Schüssel mit
etwas Mehl einstäuben und den Teig hinein geben. 30
Minuten gehen lassen. Ein Blech mit Backpapier
auslegen und den Teig darauf ausrollen. Den Mixtopf
spülen und die Zutaten für die Sauce hinein geben. Auf
Stufe 5/ 30 Sekunden mixen. Die Sauce auf den Teig
verteilen. Nun die übrigen Zutaten für den Belag auf den
Teig geben. Bei 180 Grad ca. 35 Minuten backen.

Kochschinken Mais Pizza

Zutaten
Teig
450 g Mehl
50 g Haferflocken, zart
20 g Hefe, frisch
200 ml Wasser, handwarm
½ TL Zucker
1 TL Salz
20 g Olivenöl

Sauce
4 große Tomaten
1 TL Oregano
1 TL Zucker
1 Prise Salz

Belag
1 Dose Mais, abgetropft
60 g Schinken, in Streifen
100 g Edamer, geraspelt

Zubereitung
Wasser, Hefe und Zucker in den Mixtopf geben. Auf
Stufe 5/ 15 Sekunden mischen. Nun die übrigen
Teigzutaten hinzugeben und 15 Sekunden/ Stufe 10,
danach 1 Minute auf Teigstufe kneten. Eine Schüssel mit
etwas Mehl einstäuben und den Teig hinein geben. 30
Minuten gehen lassen. Ein Blech mit Backpapier
auslegen und den Teig darauf ausrollen. Den Mixtopf
spülen und die Zutaten für die Sauce hinein geben. Auf
Stufe 5/ 30 Sekunden mixen. Die Sauce auf den Teig
verteilen. Nun die übrigen Zutaten für den Belag auf den
Teig geben. Bei 180 Grad ca. 35 Minuten backen.

Gemüse Pizza

Zutaten
Teig
400 g Mehl
20 g Hefe, frisch
200 ml Wasser, handwarm
½ TL Zucker
1 TL Salz
20 g Olivenöl
1 Prise Chili

Sauce
4 große Tomaten
1 TL Oregano
1 TL Zucker
1 Prise Salz
1 Prise Chili

Belag
1 rote Paprikaschote, in Streifen
1 gelbe Paprikaschote, in Streifen
1 grüne Paprikaschote, in Streifen
50 g Pilze, in Scheiben
100 g Edamer, geraspelt
1 Prise Oregano

Zubereitung
Wasser, Hefe und Zucker in den Mixtopf geben. Auf
Stufe 5/ 15 Sekunden mischen. Nun die übrigen
Teigzutaten hinzugeben und 15 Sekunden/ Stufe 10,
danach 1 Minute auf Teigstufe kneten. Eine Schüssel mit
etwas Mehl einstäuben und den Teig hinein geben. 30
Minuten gehen lassen. Ein Blech mit Backpapier
auslegen und den Teig darauf ausrollen. Den Mixtopf
spülen und die Zutaten für die Sauce hinein geben. Auf
Stufe 5/ 30 Sekunden mixen. Die Sauce auf den Teig
verteilen. Nun die übrigen Zutaten für den Belag auf den
Teig geben. Bei 180 Grad ca. 35 Minuten backen.

Zucchini Pizza

Zutaten
Teig
350 g Mehl
50 g Vollkornmehl
20 g Hefe, frisch
200 ml Wasser, handwarm
½ TL Zucker
1 TL Salz
20 g Olivenöl
1 Prise Chili

Sauce
4 große Tomaten
1 TL Oregano
1 TL Zucker
1 Prise Salz
1 zerdrückte Knoblauchzehe

Belag
2 Zucchini in Scheiben
100 g Parmesan, geraspelt

Zubereitung
Wasser, Hefe und Zucker in den Mixtopf geben. Auf
Stufe 5/ 15 Sekunden mischen. Nun die übrigen
Teigzutaten hinzugeben und 15 Sekunden/ Stufe 10,
danach 1 Minute auf Teigstufe kneten. Eine Schüssel mit
etwas Mehl einstäuben und den Teig hinein geben. 30
Minuten gehen lassen. Ein Blech mit Backpapier
auslegen und den Teig darauf ausrollen. Den Mixtopf
spülen und die Zutaten für die Sauce hinein geben. Auf
Stufe 5/ 30 Sekunden mixen. Die Sauce auf den Teig
verteilen. Nun die übrigen Zutaten für den Belag auf den
Teig geben. Bei 180 Grad ca. 35 Minuten backen.

Gyros Pizza

Zutaten
Teig
300 g Mehl
100 g Polenta
20 g Hefe, frisch
230 ml Wasser, handwarm
½ TL Zucker
1 TL Salz
20 g Olivenöl
1 Prise Chili

Sauce
4 große Tomaten
1 TL Oregano
1 TL Zucker
1 Prise Salz
1 Prise Chili

Belag
200 g Gyros, scharf angebraten
200 g Edamer, in Stücken
1 Knoblauchzehe, gepresst

Zubereitung
Wasser, Hefe und Zucker in den Mixtopf geben. Auf
Stufe 5/ 15 Sekunden mischen. Nun die übrigen
Teigzutaten hinzugeben und 15 Sekunden/ Stufe 10,
danach 1 Minute auf Teigstufe kneten. Eine Schüssel mit
etwas Mehl einstäuben und den Teig hinein geben. 30
Minuten gehen lassen. Ein Blech mit Backpapier
auslegen und den Teig darauf ausrollen. Den Mixtopf
spülen und die Zutaten für die Sauce hinein geben. Auf
Stufe 5/ 30 Sekunden mixen. Die Sauce auf den Teig
verteilen. Nun die übrigen Zutaten für den Belag auf den
Teig geben. Bei 180 Grad ca. 35 Minuten backen.

Kartoffel Speck Pizza

Zutaten
Teig
400 g Mehl
20 g Hefe, frisch
200 ml Wasser, handwarm
½ TL Zucker
1 TL Salz
20 g Olivenöl

Sauce
200 g Schmand
100 g Frischkäse
Salz und Pfeffer nach Geschmack
1 TL Schnittlauch, getrocknet

Belag
200 g Kartoffeln, gegart, in Scheiben
200 g Speckwürfel
100 g Edamer, gerieben

Zubereitung
Wasser, Hefe und Zucker in den Mixtopf geben. Auf
Stufe 5/ 15 Sekunden mischen. Nun die übrigen
Teigzutaten hinzugeben und 15 Sekunden/ Stufe 10,
danach 1 Minute auf Teigstufe kneten. Eine Schüssel mit
etwas Mehl einstäuben und den Teig hinein geben. 30
Minuten gehen lassen. Ein Blech mit Backpapier
auslegen und den Teig darauf ausrollen. Den Mixtopf
spülen und die Zutaten für die Sauce hinein geben. Auf
Stufe 5/ 30 Sekunden mixen. Die Sauce auf den Teig
verteilen. Nun die übrigen Zutaten für den Belag auf den
Teig geben. Bei 180 Grad ca. 35 Minuten backen.

Pizza Curry Chicken

Zutaten
Teig
400 g Mehl
20 g Hefe, frisch
200 ml Wasser, handwarm
½ TL Zucker
1 TL Salz
20 g Olivenöl

Sauce
200 g Schmand
100 g Frischkäse
1 TL Curry
1 Prise Salz
1 gehäufter TL Zucker

Belag
200 g Edamer
200 g Hähnchenfilet, in Stücken, gegart

Zubereitung
Wasser, Hefe und Zucker in den Mixtopf geben. Auf
Stufe 5/ 15 Sekunden mischen. Nun die übrigen
Teigzutaten hinzugeben und 15 Sekunden/ Stufe 10,
danach 1 Minute auf Teigstufe kneten. Eine Schüssel mit
etwas Mehl einstäuben und den Teig hinein geben. 30
Minuten gehen lassen. Ein Blech mit Backpapier
auslegen und den Teig darauf ausrollen. Den Mixtopf
spülen und die Zutaten für die Sauce hinein geben. Auf
Stufe 5/ 30 Sekunden mixen. Die Sauce auf den Teig
verteilen. Nun die übrigen Zutaten für den Belag auf den
Teig geben. Bei 180 Grad ca. 35 Minuten backen.

Nachtrag zum Impressum /

Copyright

Hintergrund
Fotolia com
- karandaev
- Mgdal3 ma
- rockeville
- mythia
- S.H. Quality

Herstellung und Verlag:
BoD - Books on Demand, Norderstedt
ISBN 978-3-8391-3004-9